고요는 힘이 세다

시에시선 **099**

고요는 힘이 세다

양선규 시집

詩와에세이

차례__

제1부

홍시 · 11
해남에서 봄을 · 12
수선화 · 13
산막리 · 14
겨울 나비 · 15
봄날은 간다 · 16
별 · 17
우리가 걸어가는 길 · 18
새해 아침 · 20
목련 꽃그늘 쓰는 아침 · 21
은행나무 의자 · 22
추분 · 23
독버섯 · 24
고요는 힘이 세다 · 25
한 점 심 · 26
물꽃 · 27

제2부

시(詩) · 31
화엄매 · 32
비구상화 감상법 · 34
꽃 · 35
연화지의 봄 · 36
풀꽃들에게 · 38
종이를 보면 접고 싶을 때가 있다 · 39
간이역 · 40
세월 · 41
그 집 앞 · 42
하늘다람쥐와 별 품은 은행나무 · 43
여름 숲에 기대어 · 44
자작나무숲 · 45
고등어 · 46
그림 속에서 크는 나무 · 47

제3부

호젓하다 · 51
반야사 배롱나무 · 52
매화를 그리다 · 54
황금나무 · 55
해인삼매(海印三昧)의 길 · 56
코로나 시대에 산다 · 58
봄이 온다 · 59
다투어 피어나는 봄 · 60
동시상영 · 62
까마중 · 63
누가 나를 개망초라 부르는가 · 64
나비처럼 · 66
연대의 힘 · 67
다 그럴만한 연휴가 있다 · 68

제4부

파종 · 73
문살에 피어나는 꽃 · 74
내 귀에 가을이 왔다 · 76
마방의 별 · 78
동백꽃 · 79
거풍 · 80
학산 삼거리 · 81
그리운 것들 · 82
맨발로 오는 달빛 1 · 84
맨발로 오는 달빛 2 · 86
햇살 그림 · 87
그녀의 붓 · 88
어처구니없다 · 90
늦가을 · 91
별이 꽃이고 꽃이 별이다 · 92
당부 · 93

해설 | 김현정 · 95
시인의 말 · 119

제1부

홍시

몇억 광년 동안 달려온 태양을 닮았다

빛이 오래오래 머문 흔적이 역력하다

빨갛게 눈시울 뜨겁도록 달군 홍시 하나

늦가을 언저리에 달콤하게 빛나고 있다

옷깃을 스치며 허허로이 지나가는 바람

문득 생이란 어떤 색깔인지 궁금해진다

다 털고, 사리(舍利)처럼 남은 빈 가지

감 하나 몸에 들어와 덩그러니 매달린다

해남에서 봄을

우수 지나, 기적 소리처럼 내리는 봄비
겨울의 끝자락에서 남쪽으로 남쪽으로
아주 더 깊숙한 곳으로 발 디딘다

만날 수 없는 수평선과 지평선은
언제나 끝이 아닌 시작의 바통을 주고받는
점멸하지 않는 녹색 신호등 같은 것

끝과 시작은 언제나 막역한 사이
어떤 날은 등 푸른 물고기로 튀어 오르고
햇살 맑은 날에는 붉은 동백으로 온다

몸살 앓고 파릇파릇 피어나는 봄동
잠들지 않는 바람, 새벽 바다를 깨우고
오늘은 일렁이는 가슴에 파도 꽃 피었다

수선화

봄빛 같은 꽃봉오리, 예쁘다 했더니

이른 아침 햇살처럼 노랗게 피었다

너로 인해 세상 환해졌다 말했더니

마주 보며 눈 맞추고 방긋 웃는다

산막리

한 치 앞도 보이지 않는 까마득한 날 있었다
해거름 눈 내리고 걸어온 길 보이지 않을 때
어떤 날은 걸어가는 길, 어둡고 아득하여라

돌무더기 가득한 가시덤불 숲 지나
나뭇가지에 얼어붙은 새들의 입술 몇 개
찬바람에 얼굴 붉히며 별처럼 떠 있다

해마다 겨울은 다시 오고 눈 내리는 날
구불구불 고갯길 지나 허허로운 들녘
지워진 발자국 더듬더듬 찾아가는 산막리

해가 바뀌고 다시 겨울 오고 눈 내려도
언제나 그 자리에 서 있는 호젓한 나무 한 그루
오늘도 하얀 눈 맞고 우두커니 서 있다

뒤돌아보면 살아온 세월 모두, 짙은 안개였다

*산막리: 영동군 양강면 산막리. 아나키스트 권구현 시인이 태어난 곳이다.

겨울 나비

우리 집에는 한겨울에도 나비가 산다
때를 가리지 않고 오고 싶을 때 온다
적요(寂寥)할 때 오고, 공허한 날에도 온다
처마 밑이나 마른 장작 타오르는 연통에도
바람처럼 나풀거리며 하얗게 온다
성에 낀 유리창에 달라붙기도 하고
밥 짓는 연기처럼 몸에 달려들기도 한다

어느 곳에서나 나비를 보면 마음 한가롭다
볼 때마다 양어깨에 날개가 돋는다

봄날은 간다

　벌떼 소리 함께했던 잉잉대던 봄, 천천히 지나고 남해 바다의 숨결로 달궈진 진한 소금꽃 향기 산 너머에서 불어오고 있다

　올봄에는 꽃 사태를 만났다 가도 가도 끝없는 꽃길, 눈으로만 보는 꽃 말고 가슴속에서 범람하는 꽃의 홍수다 우수, 경칩 지난 섬진강변 소학정에서 청매화 만나 차 한 잔 나누고 화엄사 뜰 붉게 물들인 홍매화와 구층암 지나 들매화 핀 호젓한 길 걷기도 했다 사월에는 연화지에서 꽃비와 함께 독한 술 한 잔 나누고「봄날은 간다」노래를 불렀다 입하 무렵, 황매산성에서 짙은 철쭉꽃 물든 황홀한 일몰의 해를 타고 지리산 천왕봉을 넘었다

　또 하나의 봄이 나무의 속살, 무늬 결에 새겨지고 있다 봄의 물결, 썰물처럼 빠져나간 그 자리에 꽃 한 송이 화인처럼 찍혀 있다

별

이 땅의 살아 있는 모든 생명은

죽어서 별이 된다고 생각한 적 있다

함께 바라볼수록 더욱더 빛이 나는 별

겸허해지거나 눈시울 뜨겁게 하는

우리가 걸어가는 길

동해 바다 아침 일출이 붉고
남해 통영 사량도 동백이 붉다
황매산 저녁노을이 타는 듯
겨울 바닷바람 앞에 선 여인의 입술이
종종걸음으로 학교 앞 건널목 건너는
여고생들 종아리가 붉다

어시장 좌판 위에 누운 생선 아가미가
추위 녹이는 새벽 시장 사람들 손이
빙판에 넘어져 우는 아이 두 볼이 붉다
벼랑에 선 정취암의 저녁 예불 소리
촛불에 비친 문살의 연화문 창호지가
수능 기도 올리는 어머니 무릎이 붉다

하루 일 마치고 쏟아져 나온 퇴근길
사람들 붐비는 사거리 조명등이 붉고
어지럽게 돌아가는 네온사인 불빛이
안주로 올라온 숯불에 익는 붉은 살,

늦은 밤 거나하게 취해 귀가하는 사람들
신호등 기다리는 사람들 얼굴이 붉다

하얀 겨울 우리가 걸어온 길 걸어가는 길
살아온 날이 붉고 살아갈 날이 붉다

새해 아침

한 해 동안 걸어온 길, 펴 보았다
그동안 걸었던 여러 개의 길 보인다
아스팔트 길도 있고 흙길도 있다

비탈길 지나 깊은 산속 오솔길도 있고
끈적끈적한 도둑놈 가시가 내 바지에
덕지덕지 붙었던, 덤불숲도 보인다

또 한 해 걸어가야 할 길, 펴 보았다
오르막, 내리막길, 평평한 길 있다
아무도 걷지 않은 하얀 눈길 있다

목련 꽃그늘 쓰는 아침

비 오는 날은 무릎 관절의 통증 꽃 피고

햇살 맑은 날은 목련 꽃그늘, 비로 쓴다

매일 다니던 골목길도 낯설다 하시니

걸어온 길 지우는 일이 부쩍 많아지셨다

여든여덟, 살아내는 일, 마디고 고되다

엄마의 방, 나비처럼 가벼울 수는 없을까

은행나무 의자

천 년을 살아도 그늘은 늙지 않았다
날마다 피워 올리는 푸르른 노래
봄에는 연둣빛 선생이 자연을 가르치고
나뭇가지는 새들에게 둥지를 내준다

오랜 세월 살아온 몸이 시(詩)다
서 있는 자리, 사람들의 의자가 되고
가을엔 노오란 열매의 말씀으로 맺혀
하늘 같은 구원의 기도가 되기도 한다

추분

뒤척이던 어둠, 햇살의 깊이가 같은 날
공존하는 태양과 달의 얼굴도 닮았으리라
너무 힘들어 더디게 오는 수척한 가을도
이제 너와 나 사이 그 중간쯤이겠다

살랑살랑 바람에 이는 강아지풀 머리에 이고
오늘은 딱 그만큼만 느릿느릿 걸어가는 아침
천둥 번개, 폭염 장마 징하게 건너온
산빛 들빛 닮은 몸에 가을이 오고 있다

독버섯

첫새벽 나무 사이로 운무 가득하다

긴 여름 장마와 폭염 지난 골짜기마다

붉은사슴뿔버섯, 광대버섯 피었다

가시 달린 엉겅퀴 가시연꽃이 그렇듯

독성이 강할수록 유혹의 빛, 화려하다

고요는 힘이 세다

 이른 봄부터 피어나던 꽃의 행렬 바다에 닿았다 여름을 고조시키는 각양각색의 음표와 표정, 물 위에 떠 있다 꽃이 피었다 지고 몇 개의 풍경이 지나는 동안 고요의 힘으로 물결이 수천수만 번 밀려갔다 다시 오는 사이 억겁의 문양 천천히 바다를 달구고 있다

 파도는 물러설 때를 알지만 아무때나 물러서지 않으며 고래 등처럼 부드럽지만 뚝심이 있다 활시위처럼 바람 휠 때마다 덥석, 내 손을 잡기도 하고 두 팔 벌려 부둥켜 안기도 한다

한 점 섬

물바람으로 헹귀도 잊히지 않는

사월의 꽃비 대신 별비 내리는 맹골

슬픔도 오래되면 옹이가 되는 것처럼

펄럭이는 깃발, 한 점 섬이 되었다

물꽃

흐르는 물결, 봄을 데리고 여기까지 왔다
뜨거운 촛농 떨어진 자리마다 꽃은 피고
물안개 짙은 심천, 흘러가는 강줄기마다
포롱포롱 새 떼 날고 봄이 걸어가고 있다

물이랑 사이로 흐느끼며 피어나는 수초
아지랑이 얼굴 적시고 기지개 켜는 봄
굽이굽이 흐르고 흘러가는 물의 경전이여
장단 맞추며 흘러가는 강 위에 물꽃이 핀다

겨울 등에 업고 봄의 윤슬 피어나고 있다

제2부

시(詩)

억만년 동안 눈과 비, 바람 맞으며

푸른 물결, 이글거리는 태양 먹고 자란

소금꽃 향기 나는 썩지 않는 경전

표절할 수 없는 시인의 눈빛을 닮았다

가늠할 수 없는 망망대해 수평선이다

이 세상에 단 하나밖에 없는 지문

손가락에 핀, 둥그스름한 무늬를 닮았다

화엄매

새벽안개 거두며 어제도 갔다
너를 보고 돌아오는 길
나무마다 가지 끝 찬바람만 시릴 뿐
구름은 흩어져 진눈깨비 내렸다

비, 구름, 천둥소리 지나고
화엄의 경전을 보러 오늘도 갔다
은어 떼처럼 막 달려드는 햇살
가지마다 봉오리 맺은 자리가 붉다

노고단 정상에서 내려오는 바람은
몸의 하얀 뼛속을 다 헹구고
용맹정진하는 봄의 기운으로
산사의 도량이 불끈 달아올랐다

소리도 없이 귀로 냄새를 듣는
고매(古梅)의 향이 물 흐르듯
얼굴을 핥고 지나가는 순간마다

구례, 지리산 골짜기가 뜨겁다

비구상화 감상법

 물과 거울에 비치듯 바닥 훤히 들여다보이는 캔버스보다 보면 볼수록 궁금증 더해주는 그림이 더 좋을 때 있다 정지된 화면 움직여, 보는 사람의 시각으로 배경을 질주하거나 내 멋대로 상상 나무를 타고 무한한 공간 여행하는 작품이 더 매력적일 때 있다

 선의 흐름과 면의 이미지 색채의 냄새, 마음껏 들이마시고 취하면 되는 것, 내 마음대로 생각하라 해석하라 그리하면 혜안(慧眼)이, 오감(五感)의 문 활짝 열어 상상의 날개 펴고 화폭 속으로 들어가 가슴 뜨거워지는 화선(畵禪)의 진경을 맛볼 것이다

꽃

나무마다 피우는 꽃 다르듯

사람마다 그늘의 넓이가 다르다

우물 깊어야 맑은 샘물 솟듯

나무의 뿌리만큼 잎 피우고

향기로운 사람만이 꽃 피운다

연화지의 봄

황사와 미세 먼지로 뒤덮인 세상이
여전히 불안한 표정이다
우크라이나에 포성이 울리고
21세기 4차 산업혁명 시대에
굶어 죽는 사람들이 속출하고
지구촌에는 역병이 잠들지 않는다
이런 날 벚꽃에 마음 쏠리는 일도
알고 보면 참으로 민망한 일이다

세상은 안개였다가
구름, 진눈깨비, 폭풍의 바다였다가
어느 날 갑자기 햇살과 봄바람 등에 업고
어린아이처럼 우리 곁에 눈부시게 온다
외투와 신발, 안경마저 벗어 놓고
마음조차 다 내려놓은 봄날,
벚나무 아래 나무 의자에 앉아
윙윙거리는 벌떼 소리 듣는다

물속의 벚꽃도 연한 바람 잔물결에
데칼코마니로 함께 흔들리고
캄캄한 진흙 속의 뿌리 깊은 연이
초록 초록하고 궁금한 세상 풍경에
입술 내민다 고개 들고 손 흔든다
인근 학교 여고생들인가
벚꽃처럼 하얗게 깔깔거리는 웃음소리
통나무째 흔들리는 봄의 햇살 눈부시다

천수천안관세음보살님께서
천 개의 가지에 천 개의 꽃으로 피었다
봄은 이렇게 잠시 왔다가 꽃비로 내리고
세상은 여전히 안개였다가
비바람, 구름 몰고 오는 흐린 날씨였다가
한시도 잠들지 않는 혼란의 세상이다
이런 날 벚꽃에 마음 쏠리는 일도
알고 보면 참으로 민망한 일이다

풀꽃들에게

꽃비 내리고 붉은 모란꽃 피는 사이
연둣빛에서 진초록으로 물들어 가는 숲
공산성 곤줄박이, 박새 아침 햇살 펴고
제민천 능수버들 아래 하늘빛 물 흐른다

여린 풀빛처럼 마음 겸허해지고
키 작은 풀, 가지런한 꽃향기 피우는 서재
빛바랜 목조 가옥, 풀꽃문학관 뜰
별꽃, 금낭화, 제비꽃, 민들레 피었다

나는 오늘도 눈부신 연분홍 꽃잎에
순간순간 스쳐 지나간 시절 인연
달래, 냉이, 꽃다지에게 안부 편지를 쓴다
올망졸망한 작은 풀씨, 허공에 뿌린다

종이를 보면 접고 싶을 때가 있다

늦은 봄, 연분홍 얇은 꽃잎에 편지를 쓴다
오랜 세월 하지 못한 깨알 같은 말
모퉁이 구멍가게 앞, 빨간 우체통에 넣었다
누군가 상가 옥상에서 던진 종이비행기
착지점이 어디인지 분명히 알지 못한 듯
포물선 그리며 천천히 비행한다

육십령 넘어오는 동안 많은 사람을 만났다
어떤 이는 인연의 끈 놓으면서 걸어왔고
또 어떤 사람은 질긴 인연 놓지 못하고
어깨동무하며 물 흐르듯 여기까지 왔다

우리도 언젠가는 접어야 할 때가 있듯이
종이를 보면 접고 싶을 때가 있다
펴지는 것과 접는 것은 같은 운명이다
접어야 바람 가르며 날고 흐르는 것이 있다
눈, 비 내리는 풍찬노숙의 세월 살아오면서
이별, 만남도 사실 내 뜻대로 되지 않았다

간이역

80년대만 해도 사람 붐비는 큰 역이었는데,
언제부턴가 한가로운 간이역 되었다
산업화로 이농 현상이 생기고 노령화되면서
저출산으로 사람이 귀해 그리되었을 것이다

그러고 보면 우리가 사는 세상도 한 시절이다
걷는 길도 왕래가 줄어들고 인연 다하면
마음 휑한 자리 잡초 무성하고 고요하다
어쩌다가 가끔 한 번 섰다 가는 간이역 심천,
오늘도 기차에 오르고 내리는 사람 뜸하다

우리도 나이 들어 들숨 날숨 희미해지고
생각 잠잠해지면 언젠가는 간이역 아니겠는가
오고 가는 사람 드문 길 위에 개망초 피었다
내 몸에도 간이역 하나둘, 늘어나고 있다

세월

비와 눈, 구름과 장마, 바람 같은
격랑의 시대 온몸으로 맞서
맨발로 걸어온 길 아득하여라

어둠 걷어내고 아침마다 햇살 펴는
함께 걸어온 사람의 길 위에
무성한 나무가 자라고 꽃이 핀다

초록의 숲 사이 노(櫓) 없어도
어서 가자고 뒤돌아볼 겨를 없이
굽이굽이 쉬지 않고 강물 흐른다

그 집 앞

나는 바람을 쓰고 별빛을 그리는데
아내는 건반을 두드리며 노래를 부른다
바람과 별, 아무리 좋다고 우겨도
오늘은 절로 흥얼거리는 노래가 좋다

젊은 시절 나도 한때, 그 집 앞,
눈물겹도록 골목길 서성일 때 있었다

하늘다람쥐와 별 품은 은행나무

어른 예닐곱은 돼야 안을 수 있는 은행나무
가지와 잎사귀 사이 하늘다람쥐 별빛과 산다
구름과 바람 안고 물처럼 세월 건너온
가을 햇살 물든 단풍잎, 넓은 그늘이 좋다

슬프고, 기댈 곳 없어 가슴 무너지던 날
한없이 깊은 나락으로 떨어져 중심 잃었을 때
어느 때나 하늘처럼 품어주는 천년 노거수
종일 하늘다람쥐 오르락내리락하다 보면
반지르르한 길 위에 반짝반짝 별빛 피어난다

언제부턴가 내 마음에도 눈 맑은 하늘다람쥐
쉴 새 없이 드나들고 따뜻한 별 함께 산다
슬플 때나 힘들 때 찾아오는 사람들에게
기댈 수 있는 어깨 내어 주라는 뜻일 것이다

여름 숲에 기대어

하늘 빼꼼한 산방의 한가로운 이야기
여름의 풀들과 함께 꽃 피우는데,
여기에서는 한바탕 지나가는 소나기도
소곤소곤 내린다 그냥 내린다
소란 등진 초록빛 고요의 숲
하늘다람쥐, 고라니, 동박새, 직박구리
바람, 구름, 햇살, 별과 달, 함께 있다
사시사철 눈, 비 맞으며 함께 간다
계절 따라 저마다 꽃향기 피우며
오늘도 더불어 울창한 숲 이루며 산다

자작나무숲

단풍잎 다 떨구고 몸, 홀가분해진 늦가을 숲

환한 나무의 배경이 발걸음 가볍게 한다

정신마저 또렷해지는 인제군 원대리 그 숲으로

잠시 마음 내려놓고 고요의 적멸(寂滅)에 든다

텅 빈 하늘에 한 뼘 한 뼘 비백(飛白)을 그으며

가을과 겨울 사이로 날아가는 기러기

자작나무에 새겨진 검은 눈빛으로 바라보는 풍경

하얀 촛대마다 펑펑 폭죽을 터트리듯

노랑 바탕에 금방 눈이 내릴 것 같은 아침이다

고등어

하얀 소금으로 염장한 고등어 한 손
바람에 일렁이는 물결의 흔적이 있다

뭍에서도 지우지 못하는 생애(生涯)
깊은 바다 유영하던 길, 새겨져 있다

푸른 등에 은빛 햇살 솟구칠 때마다
사내의 손에 비릿한 파도가 출렁인다

그림 속에서 크는 나무

젊은 시절 그린 그림을 펼쳐본다는 것은

깊은 서랍 속에서 꺼낸 빛바랜 편지와 일기를

마주하는 것처럼 정겹고 신선하다

들판의 나무들은 얼마나 오랫동안

잎을 피우고 단풍 들고 비와 눈 맞으며

하얀 팝콘 같은 꿈을 키우고 있었을까

오랜 세월 속에서도 잠들지 않고

그림 속의 나무들이 무럭무럭 자라고 있었다

흔적을 지우다가 또 다른 기억을 만들고

제3부

호젓하다

봄으로 가는 한겨울

새재 너머 호미실 가는 길

감나무 한 그루 호젓하다

오늘따라 먼 길 가면서 바라보는

나무의 간결함에 눈이 머문다

나도 그 길을 따라 걷자니

엄동설한 눈길을 빠져나온 것처럼

발걸음 호젓하다

반야사 배롱나무

한오백년 가슴 저미도록 붉게 물든 배롱나무

뽀얀 속살에 몽글몽글 하얀 구름 문양 새겨져 있다

꽃잎마다 거친 숨소리 여름 뙤약볕에 몸 달구고

오늘도 지는 꽃잎은 떨어져 하나둘 땅에 눕는다

바람에 이리저리 쓸리다 물이 되어 흐르고

석천(石川)과 내 마음도 진한 다홍빛으로 붉게 물들었다

석 달 하고도 열흘, 장엄하게 꽃은 지고 또 피고

폭풍 이는 캄캄한 밤에도 환하게 길 밝히는

여기 절망 딛고 다시 피어나는 백일홍 있다

장마에 무너지고 짓물러도 다시 일어서는 꽃 있다

매화를 그리다

겨우내 매화만 그렸다
입동부터 동지 지나 우수 때까지
나무 밑동을 그리고
하늘로 향한 가지를 그렸다
매화 꽃봉오리 그리고
연분홍 꽃잎을 그려 넣었다

강물도 언다는 소한 대한을 넘어
설이 지나고 입춘이 지났다
아침에는 나뭇가지에 물오르고
탱탱한 꽃봉오리 맺히더니
꽃잎이 슬쩍 봄의 문을 열고
몽실몽실 하늘을 연다

겨우내 매화를 그리던 붓의 끝도
따스한 온기가 흐른다

황금나무

노랗게 익어가는 과육 속으로

반짝반짝 빛나는 누교리 들판의 햇살

천천히 주섬주섬 담고 있다

올해도 부푼 만삭의 몸뚱이에

된서리와 가을바람 부지런히 풀무질하고

별빛 은행잎, 하나둘 물들고 있다

천태산 천년 은행나무 몸 푼 비릿한 산실에

둥근 달빛 닮은 미끄덩한 황금빛 열매

족히 서너 가마니는 되겠다

해인삼매(海印三昧)의 길

경판을 머리에 이고 탑을 도는 행렬
발걸음마다 동선은 우주를 그리고
은빛 햇살처럼 빛나는 경전은
물 흐르듯 해인삼매의 하늘을 연다

홍류동 계곡의 소리길 걷다 보면
눈 감고도 들리는 숲의 숨결
마음과 마음으로 흐르는 경(經) 따라
오늘도 만행(萬行)을 떠난다

『천수경』을 외고 삼천 배를 하면
몸과 마음 가벼워질 수 있을까
오체투지로 팔만대장경을 알현하면
번뇌로부터 자유로워질 수 있을까

매화산은 묵묵히 햇살을 안고
바람은 부지런히 사람의 길을 내고
해인사 법보전 장경각 나무 경전은

욕심과 근심 걱정 내려놓으라 하네

코로나 시대에 산다

도서실처럼 가림막 칸막이가 있는
학교 급식소에서 점심을 먹는다
어쩌다가 고개 들어 서로 얼굴 마주치면
쓸쓸한 웃음 짓기도 하다가
하얀 밥알을 씹다가 왈칵 눈물이 난다

우리는 무슨 죄를 지었기에
오늘도 흉흉한 소문 들으며
이렇게 숨어서 혼자 밥을 먹고
맑은 가을 하늘 아래 소 부리망 같은
마스크로 얼굴 가리고 사는 걸까

일가친척, 부모 형제도 멀리하고
몸을 낮추며 묵언 기도로 사는 것일까

봄이 온다

봄은 나비처럼 노랗게 온다
나무마다 연두색 물오르고
연분홍 꽃잎으로 별처럼 뜨고
는개비처럼 부드럽게 내린다
마음에 피어나는 색깔 따라
너울너울 출렁이며 온다

한 번 물리면 아주 치명적인
맹독의 뱀처럼 느릿느릿 온다

다투어 피어나는 봄

공주 계룡산 동학사 가는 초입
내 그림자 먼저 앞세우고
잔잔한 물소리 거슬러 올라 걷는 길
나무들도 함께 걷는다
삐죽삐죽 올라오는
초록의 나뭇잎도 흔들리고
아침 푸른 공기, 연둣빛 햇살은
청정한 산사의 천년 도량에
눈부시도록 흩어지고
절과 산 사이 경전의 문장처럼 물 흐른다

산의 나뭇잎, 들의 풀잎
천지가 약이 되는 초록의 새순들
다투어 피어나는 봄이다
억겁의 세월, 얼마나 더 걸어야
얼마만큼 더 지우고 살아야
저 나무들처럼 하늘에 길을 내고
푸를 수 있을까

풀잎처럼 척박한 땅에도 집을 짓고
꽃 피울 수 있을까
저 산의 너른 품에 닿을 수 있을까

동시상영

소백산맥을 넘은 봄바람이
꽃의 문 열기 시작하더니
전국적으로 동시다발
동시상영으로 꽃이 핀다

매화, 산수유, 목련은 지고
벚꽃, 앵두, 진달래, 살구꽃
차례차례 연속 상영이다
입장료도 안 냈는데,
꽃구경 사진 촬영은 서비스다
어제는 직지사 오늘은 대청호
내일은 함양 백운산 동백마을
오십 리 벚꽃길 달려야겠다

사는 게 어렵다 어렵다 해도
또 이런 날도 있지 않은가
오늘도 상영 시간은 무제한
꽃 사진 전송도 무료다

까마중

여름 땡볕에 까맣게 탔네요

차곡차곡 쌓인 햇살의 열기

지문처럼 꼭꼭 숨어 있네요

가뭄에 타들어 간 붉은 햇발

누가 나를 개망초라 부르는가

집도 땅도 두고 이사한 지 수 해가 지났다
주인 없는 울타리 그 허전함 어쩌지 못해
빈집에 하얀 꽃으로 피어서 붙여진 이름
누가 나를 지금도 개망초라 부르는가
한겨울 뒷짐 지고 달그림자 함께하던
깨, 고추, 나락 말리고 호박, 가지 썰어 널던
풍요로운 가을 냄새 가득했던 마당이다

봄이면 호미 들고 고추, 콩, 고구마 심고
여름이면 메마른 땅 물 주고 김매던 밭
가뭄과 홍수, 이상 기온, 농산물 수입으로
공과금 내고 자식 교육 빚잔치도 어려워
쫓겨나듯 고향 떠난 주인 손길 그리워
유월 땡볕 여름, 텅 빈 밭에 피었기로서니
누가 나를 개망초라 부르는가

나도 바람 불면 살랑살랑 흔들릴 줄 알고
달 뜨는 밤이면 그리워할 줄 아는

동틀 무렵 아침에는 이슬 맺힌 꽃잎이다
옥잠화, 참나리, 백일홍, 달맞이꽃
봉선화, 해당화, 초롱꽃, 채송화, 수련
고상하고 아련한 그 예쁜 꽃 이름 다 두고
왜 하필 나는 아직도 개망초인가

나비처럼

골바람이 불 때마다
만삭의 천태산 은행나무
뼛속까지 스며든
풍찬노숙의 시절 내려놓고
너울너울 허공을 난다

연대의 힘

　처음에는 아주 작은 하나의 빗방울이었다 오랜 가뭄이 들면 간절한 기다림이었다가, 큰비 내려 홍수가 나면 원망의 대상이 되기도 했다 바다에 도착하자마자 먼저 도착한 물들과 부둥켜안고 크게 기뻐했으나 금방 서로 멀어져 가며 기약 없는 이별을 했다 오랫동안 보이지 않다가 부딪치고 깨어져 하얀 포말이 되어서야 알았다

　잊힌 게 아니었다 빙산처럼 각자의 포부대로 큰물과 합류하고 있다는 것을, 바다에 와서 보았다 아무리 큰 폭풍이 불어도 끄떡 않는, 어깨와 어깨 모여 만든 깊고도 푸른 장엄한 바다의 고요를 보았다

다 그럴만한 연유가 있다

가늘고 매끄러운 명주실로 옷을 만들면
촉감 좋은 견섬유의 비단옷이 되고
굵은 삼베로 옷을 지으면 까칠한 옷이 된다
선한 기운으로 모든 사물을 보면 순해지고
거센 바람이 불면 성난 파도가 인다

한때, 세상을 거꾸로 그린 밑그림을
목판 위에 올려놓고 각(刻)을 한 적 있다
환도(丸刀)를 쓰면 부드러운 선에 물 흐르고
쓰임새에 따라 창칼이나 삼각도를 사용하면
나무나 돌을 쪼개놓은 듯한 강한 선이 된다

온몸으로 느끼는 혀의 끝보다 감미롭고
새털보다 가볍고 더 부드러운
허공의 들바람과 꽃바람을 모아 만든 붓으로
여린 나뭇가지와 연둣빛 잎을 그리면
고운 무늬의 결 사이 아지랑이 피어오른다

나무의 새순에 이는 훈훈한 바람 탓일까
실바람, 건들바람에 흔들리며 나부끼는
마음 붉게 물들이는 봄이 오고 있다
몸의 살들이 부지런히 햇살 불러 모으고
시냇물에 비치는 연분홍 꽃잎 흥건한 봄이다

제4부

파종

눈물과 이별 통증은 늦가을에 파종을 한다

찬 서리 내리고 낙엽 진 후에 씨앗을 심는다

겨울 흙 살 속에서 봄을 향한 그리움 있어야

따뜻한 성질이 배고 쓴맛의 향기를 지닌다

눈 맞으며 촉 틔우고 매서운 혹한 지나고서야

푸른 잎 바다를 이루는 튼실한 나무가 된다

견뎌야 얻어지는 저 무서운 하늘의 섭리

풍찬노숙의 대자연 앞에서 무릎을 꿇는다

문살에 피어나는 꽃

새들이 날아간 허공에 뭉게구름이
두런두런 모여 형상을 가늠하고 있다
흩어졌다 다시 모이고 다시 흩어지는
수직의 공간 그 틈 사이로 빛이 흐른다

부드러운 바람은 푸른 공기를 만들고
숨결 없는 하얀 나뭇잎을 자유롭게 오려
나뭇가지에 걸어두면 다시 되살아나
연둣빛 생명의 봄으로 비상을 한다

둥근 달빛이 문살에 내려앉을 때마다
몽글몽글 피어오르는 시절의 인연들
돋을새김으로 새겨지는 나비의 문양
연한 단청의 하늘빛 새길을 걷는다

비구상화는 상상의 날개가 있다
알 수 있지만 알 수 없고 알 수 없지만
알 수 있는 형형색색 그 꿈의 자리마다

거친 힘줄의 팽팽한 날개가 돋는다

내 귀에 가을이 왔다

삼복에 지친 등줄기, 소매, 바짓가랑이 사이로

시원한 소슬바람, 풀벌레 소리 스며들고

소란한 여름 지나 고요해진 귀에 가을이 왔다

밤낮 가리지 않고 시(詩) 읽는 귀뚜라미

여기저기 들깨, 참깨, 콩 터는 도리깨질 소리

내려칠 때마다 사방으로 흩어지는 빛이 있다

땅으로 떨어지는 모든 것은 인력(引力)이 있다

견디지 못하고 터지는 것은 팽창의 힘이 있고

아래로 쏟아지는 것은 뜨거운 햇살이 묻어 있다

해거름 앞산 숲의 갈참나무, 들녘의 논과 밭

너울너울 하루가 다르게 노란색으로 기울고

길가의 키 큰 미루나무는 목이 길게 빠졌다

마방의 별

바람이 잠시 머문 마구간
칠흑 같은 어둠 속, 말들의 눈망울에
따스한 별빛 피어오른다

깊고도 검은 머루 빛 눈망울 속에서
북두칠성, 오리온자리, 은하수, 좀생이별
초롱초롱 오늘도 길 밝힌다

새벽이 오기까지 마방의 밤은
말똥말똥 꺼지지 않는 불멸의 시간
꿈결에서도 푸른 초원을 달린다

동백꽃

눈 속에 묻혀 뜨는 별
남도의 끝, 벼랑에서 봄 그리며
벌, 나비도 없이 피우는 꽃
너를 볼 때마다
온몸이 붉어지고 뜨거워진다

거풍

처서, 입추 지나 날씨가 맑고 고요해
오늘은 그간 제작했던 작품들 거풍하는 날
그중 아내가 쓴 『금강경』 팔 폭 병풍
행간의 문자들이 바스락바스락 소리 내며
바람 소리와 함께 뒤섞였다

햇살 맑은 날 감지에 쓰인 문자들과 함께
내 마음과 몸도 덩달아 거풍을 한다

학산 삼거리

유년 시절, 첫 번화가는 학산 삼거리였다
문방구와 자전거포, 천호당 약국이 있고
시계방과 눈깔사탕 파는 점방이 있었다
고개 넘어, 면 소재지는 먹고 싶고 갖고 싶은
처음 보는 진기한 음식과 물건들이 많았다

차부에는 어디론가 떠나고 다시 돌아오는
오 일마다 장이 서고 장꾼들이 북적였다
학산에서 고향 동기들과 송년 술잔 나누다
아득했던 그때 그 시절, 살짝 들여다본다
눈발, 창문 틈으로 하얗게 스며들던 대합실

굵은소금 푸른 물결로 염장한 고등어 한 손,
생강, 간수, 들기름 한 병 막차에 오르고
잠시 서성이던 문장들 실타래처럼 빠져나와
온기 나누며 짙은 어둠 뚫고 집으로 가는 길
동지섣달, 차창 밖에는 하얀 눈이 내렸다

그리운 것들

스치듯 걸어온 바람의 길 모두 허공이었다
가만가만 귀청에 와 닿는 물의 숨소리
늦더위 가시고, 온다던 가을 더디게 오고
얌전한 산에는 물매화, 마타리, 구절초 피었다

아침 햇살, 소나무 잎 사이로 얼굴 내민다
겹겹이 쌓인 단풍, 물의 길에 함께 있다
그리운 것들은 다 여기에 모여 있구나
그렇게 한 계절이 수장되어 물이 되었구나

이른 아침, 덕유산 백련사 가는 옛길을 걷는다
어제와 오늘, 그리고 내일을 이어 주는 길
가을 가고 펑펑 눈 내리는 겨울이 와도
누구에게나 내어 주는, 길 위에 길 펼쳐 있다

마음도 흐르고, 몸도 세월 따라 흐르고
발길 닿는 대로 물길 따라 내가 흐르고 있다
낮은 대로 가만가만 흐르기도 하다가

웅덩이 골 깊은 곳, 잠시 쉬어가기도 하다가

맨발로 오는 달빛 1

 명절이 코앞인데, 와야 할 사람, 온다는 소식 없고 반갑지 않은 역대급 태풍 온다고 온 세상이 야단법석이다 우리가 알지 못하는, 빠르고 거세게 흘러가는 회색 구름의 행로, 폭풍전야의 적요(寂寥)한 캄캄한 바다는 오늘도 쥐 죽은 듯 고요하다

 정박한 배, 쇠사슬로 단단히 묶고 집의 창문 빈틈없이 봉쇄해도 빠른 속도로 북상해오는 요란한 '힌남노', 가까이 다가올수록 세상 심란하지만 그래도 가을이다 물가 폭탄, 세금 폭탄, 이자 폭탄, 물 폭탄, 폭탄도 가지가지지만 맨발로 달빛 환한 추석은 오고 있다

 전 국민을 떨게 했던 빗나간 태풍의 이동 경로는 허탈하다 바람이 할퀴고 간, 굵은 빗줄기 쏟아부은 포항, 태풍 지난 자리 눈물보다 더 깊은 웅덩이 생겼다 진흙탕 물 뒤집어쓴 가재도구 씻어 내리고 쓰러진 기둥 세우며 날아간 지붕, 다시 얹는 저 손길, 애타는 마음 보아라

순식간에 쑥대밭 된 살림살이 다시 일으켜 세우는 굵은 손 마디마디마다 휘어지도록 가을 들꽃 환하게 피었다

맨발로 오는 달빛 2

우리 동네 어르신 말씀이다
더도 덜도 말고 한가위만 같아라
일 년 중, 가장 밝은 황금 달빛이다
땀이 밴 들판으로 쌀밥을 짓는
바라만 봐도 배부른 둥근 날이다

햇살 그림

눈 내린 겨울 아침 무명천에 새긴 시 한 편

배경은 나무와 마른 풀, 하늘과 낮달이다

살랑살랑 들바람이 서걱서걱 먹을 갈 때마다

담묵으로 그려지는 연한 문인화 한 점

날아가던 굴뚝새, 쭈빗쭈빗 두리번거리다

햇살 붓이 그려 놓은 말간 그림 속으로 든다

그녀의 붓

따뜻한 색감, 사람들 사이 훈훈하게 하고
우리가 사는 세상 자유롭게 한다
부드러운 곡선, 몸과 마음, 유연하게 하며
곧은 직선은 느슨한 정신에 긴장감을 준다

알 수 없는 수많은 다양한 기호와 형상들
우주의 무한한 상상의 세계로 들게 하며
촘촘하고 느슨한 배경과 공간의 조화가
편안한 시선을 주고 마음에 여유로움을 준다

가늠할 수 없는 모든 형상은 자유롭고
쉬지 않고 부지런히 상상의 날개를 펼친다
그녀의 화폭(畵幅)으로 들어갈 때마다
사유의 알갱이가 톡톡 터지는 소리가 난다

그 소리 가만가만 따라가 보면 잘 여문
봉숭아 씨앗 터지고 오므라드는 탄력이 있다
그 모양의 그림자에 슬며시 기대어 보면

허공 속에서도 묻어나는 바람의 결이 있다

어처구니없다

어처구니없이 슬금슬금 맷돌이 돌고 있다

도대체 누가 저 돌을 돌리고 있단 말인가

무지막지한 저 고집은 어디에서 오는지

세계는 한시도 몸과 마음 편할 날 없는

다시 세상은, 신 냉전의 시대가 오고 있다

생각만 해도 끔찍한, 보이지 않는 손

쉬지도 않고 돌고 돌아 물거품 되어 흐른다

늦가을

　내장산 밤바람에 속절없이 붉어지는 얼굴, 오늘이 천천히 가도 좋고 빨리 가도 좋다 하네 눈부시게 물든 오색 단풍, 살비듬 털듯 바람에 흩날리고 백양사 비자나무숲 깨우는 맑은 아침 햇살, 내 마음도 한 장 얇은 낙엽처럼 가볍다

　나무들의 몸과 함께했던 꽃샘추위, 화사하게 꽃 피우던 봄, 여름 장마 지난 짙은 녹음, 가을밤 찬바람과 무서리에 물든 단풍, 이제 훌훌 옷을 벗고 한가로이 동안거에 들고 있다 겨울로 가고 있다 천천히 옮기는 그 발걸음 처연하고 장엄하다

별이 꽃이고 꽃이 별이다

별의 배경은 어둡다
흑의 역사에도 꽃은 피어나고
하얀 날개가 돋는다
어둠 속에서 생명을 잉태하고
결 고운 희망의 노래 낳는다

당부

가을 내내 달항아리처럼 호젓한 마음으로
허허로운 길을 걷는 여유로움 있길 바랍니다

가을 내내 아랫목에서 홑이불 뒤집어쓰고
편지를 쓰는 애틋한 시간 오리라 믿습니다

가을 내내 황홀한 그리움, 아편처럼 기별이 와
몸살 같은 꽃, 피우는 날도 있기를 바랍니다

가을 내내 울긋불긋 단풍 물드는 일처럼
시를 짓는 그런 밤도 있었으면 좋겠습니다

낙엽 지고 하얀 눈 내리는 아득한 겨울이 와도
나란히 걷던 길, 그 마음 변치 않길 바랍니다

해설

비구상적 상상력과 화엄의 길

김현정(문학평론가 · 세명대 교수)

1. 회화와 시의 만남

양선규 시인은 1998년에 『현대시학』으로 등단한 후 2권의 시집을 펴낸 과작의 시인이다. 그는 등단한 지 7년 만에 첫 시집 『튼튼한 옹이』(2005)를, 그리고 11년쯤 뒤에 『나비의 댓글은 향기롭다』(2016)를 발간하였다. 그리고 10년 가까이 흐른 지금 시인은 『고요는 힘이 세다』를 상재한다. 거의 10년에 한 권씩 시집을 발간하고 있는 셈이다. 그의 시집 발간 기간이 이처럼 길어진 것은 그가 시 한 편 한 편에 많은 공을 들이고, 시적 완성도를 높이려는 의지에서 비롯된 것이리라.

그는 시인이면서 화가이고, 서예가이다. 원고지와 캔버스, 화선지에 자신의 예술 세계를 독창적으로 펼치고 있다. '지금 여기'의 다양한 모습을 시로, 그림으로, 붓글

씨로 표출하고 있는 것이다. 그림과 서예에서 여백의 미가 중요하듯, 그의 시는 간결하고 여백이 많은 것이 특징이라 할 수 있다.

양선규 시인의 시는 자연의 관조와 인간애, 자아 성찰 등에 관한 내용이 주조를 이루고 있다. 3권의 시집에서 이를 어렵지 않게 볼 수 있는데, 그러면서도 각 시집마다 고유의 특징을 지니고 있다.

첫 시집 『튼튼한 옹이』에서는 '심정즉필정(心正卽筆正)'을 실천해 온 장암 선생의 가르침을 바탕으로 한 '선비 정신'과 정직한 노동을 통해 올바른 삶을 영위해 온 어머니를 근간으로 한 '인간미'가 주축을 이루고 있는 반면, 2시집 『나비의 댓글은 향기롭다』에서는 천년의 세월을 한결같이 지켜온 오래된 은행나무에서 나오는 '넉넉함과 따뜻함', 그리고 영동 노근리 사람들의 상처를 보듬고 달래기 위한 '포용력'이 중심을 이루고 있다.

그리고 이번 시집에서는 기존의 틀에서 벗어나 새로운 길을 모색하려는 비구상적(非具象的) 상상력과 균형적인 안목과 시각을 갖추기 위한 화엄의 진리가 근간을 이루고 있다.

『고요는 힘이 세다』는 이전의 시집과 크게 두 가지의 차이를 보이고 있다. 그것은 지천명을 지난 이순 전후에 쓰인 시들이라는 점과 시적 공간이 고향 '영동'에서 다른 지역으로 많이 확장되고 있다는 점이다. 이는 이순이 되면서 자연과 세상의 이치를 통찰하는 혜안이 더 생기기 시작했다는 것과, 교직 은퇴로 인해 시적 공간이 확장되면서 노마드적 일탈이 가능해졌다는 것을 의미한다. 이로 인해 시인은 지금까지 살아오던 다소 얽매인 삶에서 탈피하여 자유로운 삶의 영위가 가능해졌으며, 잠재된 또 다른 욕망의 실현이 가능하게 된 것이다.

이러한 모습은 세 방향으로 표출된다. 먼저 사군자의 하나인 '매화'에 대한 심취이다. 인고의 상징이자 봄의 전령사인 매화를 찾아 각 지역과 사찰로 떠났고, "겨우내 매화만 그렸다"(「매화를 그리다」)고 한 것처럼 화폭에 부지런히 담아내기 시작했다.

둘째는 이순 이전까지의 삶과 다른, 비구상적 상상력이 부여된 새로운 인생의 추구이다. 교직에 있을 때는 예술가보다는 선생의 삶이 주가 되었지만, 은퇴 이후에는 선생보다는 예술가로서의 삶이 가능해지면서 보이는 구체적인 대상을 의미하는 구상(具象)보다는 보이지 않는 비구상(非具象)의 세계에 더 소중함을 느끼게 된 것이다.

셋째는 자연의 섭리와 공동체적 삶의 아름다움의 지향이다. 이를 통해 자연 순응적이고, 희망과 평화를 추구하는 방향으로 나아간 것이다.

2. 불교적 상상력과 선비 정신

문인화는 문인 사대부들이 여기(餘技)로 그린 그림이다. 그들이 주로 그린 그림은 사군자(四君子), 즉 매·란·국·죽이었다. 사군자는 지조와 절개를 상징하는 대상들로, 선비들에게 많은 사랑을 받아왔다. 특히 매화는 다른 대상들과 달리 추운 겨울을 이겨내고 피는 꽃이기에 더 선호하였다. 시인은 사군자의 하나인 이 '매화'에 심취하게 된다. 그리하여 그는 인고의 상징이자 봄의 전령사인 매화를 각 지역과 사찰로 찾아 나선다.

새벽안개 거두며 어제도 갔다
너를 보고 돌아오는 길
나무마다 가지 끝 찬바람만 시릴 뿐
구름은 흩어져 진눈깨비 내렸다

비, 구름, 천둥소리 지나고
화엄의 경전을 보러 오늘도 갔다
은어 떼처럼 막 달려드는 햇살
가지마다 봉오리 맺은 자리가 붉다

노고단 정상에서 내려오는 바람은
몸의 하얀 뼛속을 다 헹구고

용맹정진하는 봄의 기운으로
산사의 도량이 불끈 달아올랐다

소리도 없이 귀로 냄새를 듣는
고매(古梅)의 향이 물 흐르듯
얼굴을 핥고 지나가는 순간마다
구례, 지리산 골짜기가 뜨겁다
―「화엄매」 전문

  화엄사에 핀 고매(古梅)의 향기에 대해 노래하고 있는 시이다. 이른 봄에 구례의 화엄사로 떠난다. '화엄의 경전'인 '고매(古梅)'를 보러 간 것이다. 새벽안개를 뚫고 갔지만 "나무마다 가지 끝 찬바람만 시"리고, "진눈깨비"마저 내려 제대로 보지 못한다. 그리하여 다음 날 그는 다시 화엄사로 가게 된다. 다행히 "비, 구름, 천둥소리"가 지나 "가지마다 봉오리 맺은" 고매의 우아한 풍경을 본다. "용맹정진하는 봄의 기운으로/산사의 도량이" 달아오른 모습을 보게 된다. 나아가 "고매(古梅)의 향이 물 흐르듯/얼굴을 핥고 지나가는 순간마다" 지리산 골짜기마저 뜨겁게 하는 광경을 목도하게 된다.
  화엄사에 있는 오래된 홍매화는 일반 매화와 다르다. 화엄사 경내에 피는 홍매화를 시인은 '화엄의 경전'으로 읽고 있다. 불심을 전하는 '경전'으로 보고 있는 것이다. 시 「봄날은 간다」에서도 매화에 관한 내용을 볼 수 있다. "우수, 경칩 지난 섬진강변 소학정에서 청매화 만나 차 한 잔 나누고 화엄사 뜰 붉게 물들인 홍매화와 구층암 지나 들매화 핀 호젓한 길 걷기도 했다"라고 하여 화엄사의 홍매화뿐만 아니라 들매화, 섬진강변의 청매화까지 등장하고 있다. 이처럼 시인은 봄꽃 중에서도 이른 봄에 피는, 인고의 시간을 견디고 핀 고결한 매화에 대해 노래하고 있다.

겨우내 매화만 그렸다
입동부터 동지 지나 우수 때까지
나무 밑동을 그리고
하늘로 향한 가지를 그렸다
매화 꽃봉오리 그리고
연분홍 꽃잎을 그려 넣었다

강물도 언다는 소한 대한을 넘어
설이 지나고 입춘이 지났다
아침에는 나뭇가지에 물오르고
탱탱한 꽃봉오리 맺히더니
꽃잎이 슬쩍 봄의 문을 열고

몽실몽실 하늘을 연다

겨우내 매화를 그리던 붓의 끝도
따스한 온기가 흐른다
　　　　　　　　　―「매화를 그리다」 전문

　홍매화를 비롯하여 청매화, 들매화까지 눈여겨본 시인은 매화를 그리는 데 매진한다. "겨우내 매화만 그렸다"라는 구절에서 알 수 있듯 겨울 동안 매화를 그린 것이다. 나무 밑동과 가지와 꽃봉오리, 연분홍 꽃잎을 순서대로 그려 나간다.
　이 시의 특징은 시인이 입춘이 지나 그린 매화나무에 물이 오르고 꽃봉오리가 맺히고 꽃잎이 피었다고 노래한 데서 찾을 수 있다. 시인과 매화 그림이 서로 일체가 된 것이다. 나아가 "겨우내 매화를 그리던 붓의 끝"에도 "따스한 온기가 흐"르는 것을 감지하게 된다. 매화에 매료되어 물아일체의 경지에까지 이른 것을 엿볼 수 있다.
　그가 이처럼 매화를 좋아하고, 매화 그림을 그리는 것에 몰두한 것은 시인도 매화처럼 살고 싶은 욕망을 표출한 것이리라. 모진 고난과 역경을 견딘 후 아름답게 피어나는 매화와 닮은 멋진 인생을 영위하고 싶었던 것일 게다.

화엄사의 고매를 '화엄의 경전'이라고 일컬을 만큼 시인은 불교적 사유와 상상력을 지니고 있다. 그의 시에 화엄사, 해인사, 백련사, 반야사 등 사찰 이름이 종종 등장하는 것도 이와 무관하지 않다.

    경판을 머리에 이고 탑을 도는 행렬
    발걸음마다 동선은 우주를 그리고
    은빛 햇살처럼 빛나는 경전은
    물 흐르듯 해인삼매의 하늘을 연다

    홍류동 계곡의 소리길을 걷다 보면
    눈 감고도 들리는 숲의 숨결
    마음과 마음으로 흐르는 경(經) 따라
    오늘도 만행(萬行)을 떠난다

    『천수경』을 외고 삼천 배를 하면
    몸과 마음 가벼워질 수 있을까
    오체투지로 팔만대장경을 알현하면
    번뇌로부터 자유로워질 수 있을까

    매화산은 묵묵히 햇살을 안고
    바람은 부지런히 사람의 길을 내고

해인사 법보전 장경각 나무 경전은
욕심과 근심 걱정 내려놓으라 하네
　　―「해인삼매(海印三昧)의 길」 전문

  해인삼매는 석가모니 부처님이 『화엄경』을 설할 때 선정(禪定)에 든 상태를 뜻한다. 즉, 있는 그대로의 세계를 한없이 깊고 넓은 바다에 비유하여 중생의 번뇌 망상의 파도가 멈출 때 실상의 본래 모습을 그대로 자각할 수 있는 상태를 일컫는다.
  시인은 "경판을 머리에 이고 탑을 도는 행렬"을 보며 "발걸음마다 동선은 우주를 그리고/은빛 햇살처럼 빛나는 경전은/물 흐르듯 해인삼매의 하늘을 연다"라고 노래하고 있다. 그는 "홍류동 계곡의 소리길을" 거닐며 "숲의 숨결"을 느끼고, "마음과 마음으로 흐르는 경(經)을 따라" "만행(萬行)을 떠난다". 그러면서 시인은 자문한다. "『천수경』"을 외우고 "삼천 배를 하면/몸과 마음 가벼워질 수 있을까/오체투지로 팔만대장경을 알현하면/번뇌로부터 자유로울 수 있을까"라고 말이다. 이에 대해 "매화산은 묵묵히 햇살을 안고/바람은 부지런히 사람의 길을 내고/해인사 법보전 장경각 나무 경전은/욕심과 근심 걱정 내려놓으라 하네"라고 노래한다. 매화산이 묵묵히 햇살을 품고, 바람이 부지런히 "사람의 길"을 내듯, 시인에게 "욕심과 근심"을 내려놓고 묵묵히 자신의 길을 걸으라고 무언의 가르침을 주고 있는 것이다.

3. 비구상의 세계와 시의 길

 이순을 넘기면서 시인은 많은 변화를 꿈꾼다. 그중 하나는 지금까지의 삶과는 다른, 노마드적 일탈을 모색한다. 바쁜 일상에 사로잡혀 하지 못했던, 잠재된 자신의 꿈을 실현해 보고 싶은 욕망을 드러낸 것이다. 회화에서 말하는 비구상적 상상력을 바탕으로 일상에서 탈피하고자 시도한다. 구체적인 대상을 의미하는 구상(具象)보다 보이지 않는 비구상(非具象)의 세계에 내재된 진리를 찾아서 말이다. 이전과는 다른 삶을 살지 않으면 후회할지도 모른다는 생각이 작동한 결과일 것이다. 그리하여 그는 이러한 길로 나아가기 위해 '역발상'이 필요함을 역설한다.

 물과 거울에 비치듯 바닥 훤히 들여다보이는 캔버스
보다 보면 볼수록 궁금증 더해주는 그림이 더 좋을 때
있다 정지된 화면 움직여, 보는 사람의 시각으로 배경을
질주하거나 내 멋대로 상상 나무를 타고 무한한 공간 여
행하는 작품이 더 매력적일 때 있다

선의 흐름과 면의 이미지 색채의 냄새, 마음껏 들이
마시고 취하면 되는 것, 내 마음대로 생각하라 해석하라
그리하면 혜안(慧眼)이, 오감(五感)의 문 활짝 열어 상상
의 날개 펴고 화폭 속으로 들어가 가슴 뜨거워지는 화선
(畵禪)의 진경을 맛볼 것이다
　　　　　　　　—「비구상화 감상법」 전문

비구상화의 매력을 보여주는 시이다. "보는 사람의 시각으로 배경을 질주하거나 내 멋대로 상상 나무를 타고 무한한 공간 여행하는 작품이 더 매력적일 때"가 있고, "선의 흐름과 면의 이미지 색채의 냄새"를 마음껏 들이마시면 "혜안(慧眼)"이 생기고, "화선(畵禪)의 진경을" 엿볼 수 있다고 보고 있다. 이는 오감의 눈을 열어 "상상의 날개"를 펴고 그림 속으로 들어갈 때에 가능하다. 이 시를 통해 다양한 해석을 낳을 수 있는 '비구상화'의 진수를 엿볼 수 있다. 그리고 시 「문살에 피어나는 꽃」에서 "비구상화는 상상의 날개가 있다"고 한다. "알 수 있지만 알 수 없고 알 수 없지만/알 수 있는 형형색색 그 꿈의 자리마다/거친 힘줄의 팽팽한 날개가 돋는다"라고 노래하고 있다. 비구상적 문살을 통해 상상력을 보여주고 있다. "알 수 있지만 알 수 없고 알 수 없지만/알 수 있는" 비구상적 기법을 통해 "거친 힘줄의 팽팽한 날개"를 엿볼 수 있다.

이러한 역발상은 이번 시집의 표제작이기도 한 시 「고요는 힘이 세다」에서도 발견된다.

> 이른 봄부터 피어나던 꽃의 행렬 바다에 닿았다 여름을 고조시키는 각양각색의 음표와 표정, 물 위에 떠 있다 꽃이 피었다 지고 몇 개의 풍경이 지나는 동안 고요의 힘으로 물결이 수천수만 번 밀려갔다 다시 오는 사이 억겁의 문양 천천히 바다를 달구고 있다
>
> 파도는 물러설 때를 알지만 아무때나 물러서지 않으며 고래 등처럼 부드럽지만 뚝심이 있다 활시위처럼 바람 휠 때마다 덥석, 내 손을 잡기도 하고 두 팔 벌려 부둥켜안기도 한다
> ─「고요는 힘이 세다」 전문

위 시는 바다의 파도를 관장하는 것이 다름 아닌 고요임을 보여주는 작품이다. 우리는 흔히 바람의 세기에 따라 달라지는 파도의 문양(紋樣)에 대해서는 잘 보지만, 그 이면을 잘 보지 못하는 경우가 많다. 그러나 시인은 "여름을 고조시키는 각양각색의 음표와 표정, 물 위에 떠 있다 꽃이 피었다 지"는 것의 이면을 투시한다. 파도가 다가오고 물러서도록 하는 것이 고요의 힘임을 일러 주

고 있는 것이다. 소란스러움을 진정시키는 것도, 분노를 잠재우는 것도 '고요의 힘'에 의해 작동하는 것임을 시사하고 있는 것이다. 또한 "잊힌 게 아니었다 빙산처럼 각자의 포부대로 큰물과 합류하고 있다는 것을, 바다에 와서 보았다 아무리 큰 폭풍이 불어도 끄떡 않는, 어깨와 어깨 모여 만든 깊고도 푸른 장엄한 바다의 고요를 보았다"(「연대의 힘」)라고 노래한 데에서도 '고요'의 힘을 감지할 수 있다. 시인은 넓은 바다를 보며 고요의 힘을 상기한다. 아무리 커다란 "폭풍"이 불어도 끄떡없는, "어깨와 어깨 모여 만든 깊고도 푸른 장엄한 바다의 고요"를 본 것이다. "깊고도 푸른 장엄한 바다"의 "고요"의 힘을 보는, 시인의 혜안을 엿볼 수 있다. 바다의 고요를 살핀 그는 천년 은행나무의 고요의 아름다움을 간파한다.

> 천 년을 살아도 그늘은 늙지 않았다
> 날마다 피워 올리는 푸르른 노래
> 봄에는 연둣빛 선생이 자연을 가르치고
> 나뭇가지는 새들에게 둥지를 내준다
>
> 오랜 세월 살아온 몸이 시(詩)다
> 서 있는 자리, 사람들의 의자가 되고
> 가을엔 노오란 열매의 말씀으로 맺혀

하늘 같은 구원의 기도가 되기도 한다
―「은행나무 의자」 전문

　천년을 살아온 은행나무를 통해 지혜를 배우고 있는 시이다. 시인은 천년을 살았어도 "날마다 피워 올리는 푸르른 노래"를 부르는 은행나무에 경의를 표한다. 늙지 않는 '그늘'을 제공하고, 새들에게 둥지를 내주기도 하고, 오랜 세월 묵묵히 살아온, 온갖 모진 세파를 버텨낸 은행나무 자체가 '시'임을 깨닫는다. 은행나무의 서 있는 자리가 "사람들의 의자"가 되고, 노란 열매의 말씀이 "구원의 기도가 되"는 은행나무를 예찬하고 있다.
　그리고 시인은 시의 길이 문득 보이지 않을 때 먼저 그 길을 간, 시인의 흔적을 찾기도 한다. 그는 충북 영동 출신의 아나키스트 시인 권구현이 머물던 산막리로 향한다. 그는 "한 치 앞도 보이지 않는 까마득한 날 있었다/해거름 눈 내리고 걸어온 길 보이지 않을 때/어떤 날은 걸어가는 길, 어둡고 아득하여라//돌무더기 가득한 가시덤불 숲 지나/나뭇가지에 얼어붙은 새들의 입술 몇 개/찬바람에 얼굴 붉히며 별처럼 떠 있다//해마다 겨울은 다시 오고 눈 내리는 날/구불구불 고갯길 지나 허허로운 들녘/지워진 발자국 더듬더듬 찾아가는 산막리"(「산막리」)라고 노래하고 있다. 시인은 권구현 시인이 태어난 곳을 찾아 일제 강점기 "한 치 앞도 보이지 않는 까마득한 날", "해거름 눈 내리고 걸어온 길 보이지 않을 때"에 그가 어떻게 걸어갔는지를 떠올린다. 그리고 자신이 걸어가야 할 길을 묻는다. 권구현 시인이 걸었던, "지워진 발자국 더듬더듬 찾아", "짙은 안개"와 같은 현실을 헤쳐 나갈 출구를 마련하고 있는 것이다. "뒤돌아보면 살아온 세월 모두, 짙은 안개"와 같은 삶이었다고 회고한다. 앞으로도 시인은 '지금 여기'에서 어떻게 살아갈 것인가, 어떻게 시의 길로 갈 것인가에 대한 고민이 들 때면 어김없이 산막리를 찾아갈 것이다. 권구현 시인의 흔적을 통해 시의 길을 묻던 그는 조심스럽게 '시'에 대한 자신의 생각을 드러낸다.

억만년 동안 눈과 비, 바람 맞으며

푸른 물결, 이글거리는 태양 먹고 자란

소금꽃 향기 나는 썩지 않는 경전

표절할 수 없는 시인의 눈빛을 닮았다

가늠할 수 없는 망망대해 수평선이다

이 세상에 단 하나밖에 없는 지문

손가락에 핀, 둥그스름한 무늬를 닮았다
—「시(詩)」 전문

등단한 지 30년 가까이 되어서야 '시'에 대해 조심스럽게 표출하고 있다. 그는 시가 "소금꽃 향기 나는 썩지 않는 경전"이고, "가늠할 수 없는 망망대해 수평선"이고, "이 세상에 단 하나밖에 없는 지문"이라고 말한다. 이는 시가 '불후(不朽)의 경전'이고, '불측(不測)의 수평선'이며, '불이(不二)의 지문'임을 의미한다. 또한 그가 말하는 시는 "표절할 수 없는 시인의 눈빛"과 "이 세상에 단 하나밖에 없는 지문/손가락에 핀, 둥그스름한 무늬"와 닮아 있다. 따라서 그가 생각하는 시는 썩지 않고, 헤아리기 어려운, 유일한 문양(紋樣)이라 할 수 있다.

4. 자연의 섭리와 공동체의 힘

양선규 시인의 시에 내재된 특징 중 하나는 자연에 순응하고, 공동체적인 아름다움을 희구한다는 점이다. 이를 위해 시인은 끊임없이 자연의 소리에 귀 기울이고, 개인보다는 공동체적인 삶의 긍정성을 드러내고자 힘쓴다.

천태산 은행나무를 자주 찾아가고, '가난한 아름다움'의 추억을 떠올리는 것도 이 때문일 것이다. 그의 이러한 입장은 자연에 대한 경의와 인간에 대한 예의가 내재되어 있어야 가능하다.

    이 땅의 살아 있는 모든 생명은

    죽어서 별이 된다고 생각한 적 있다

    함께 바라볼수록 더욱더 빛이 나는 별

    겸허해지거나 눈시울 뜨겁게 하는
―「별」 전문

별에 대한 단상을 보여주는 시이다. "이 땅의 살아 있는 모든 생명"이 죽어 별이 된다는 생각을 통해 시인의 긍정적인 마인드를 발견할 수 있다. 모든 생명이 죽어 별이 된다는 생각은 곧 모든 생명은 가치가 있고, 쓸모가 있고, 고유성이 있음을 인지하는 것이다. "함께 바라볼수록 더욱더 빛이 나는 별"이라고 한 구절에서는 공동체적인 삶의 의미도 내포하고 있다. 모든 생명이 죽어 빛나는 별이 되는 것을 보며 "겸허"해지기도 하고, "눈시울 뜨겁게 하"기도 하는 모습을 보며 생명에 대한 경의를 어렵지 않게 발견할 수 있다.

시 「반야사 배롱나무」에서도 이러한 모습이 보인다. "석 달 하고도 열흘, 장엄하게 꽃은 지고 또 피고//폭풍이는 캄캄한 밤에도 환하게 길 밝히는//여기 절망 딛고 다시 피어나는 백일홍 있다//장마에 무너지고 짓물러도 다시 일어서는 꽃 있다"(「반야사 배롱나무」)라고 한 데서 말이다. 영동 반야사 배롱나무에 대한 예찬을 보여주고 있다. 백 일 동안 "장엄하게" 꽃이 피고 지고, 폭풍이 몰아치는 캄캄한 밤에도 길 밝히고, "절망 딛고 다시 피어나는" 아름다운 백일홍에 대해 감탄한다. "장마에 무너지고 짓물러도 다시 일어서는" 백일홍을 긍정적으로 목도한다. 폭풍과 장마에도, 절망에도 무너지지 않고 꿋꿋하게 피는 백일홍에 대해 경의를 표하고 있는 것이다.

눈물과 이별 통증은 늦가을에 파종을 한다

찬 서리 내리고 낙엽 진 후에 씨앗을 심는다

겨울 흙 살 속에서 봄을 향한 그리움 있어야

따뜻한 성질이 배고 쓴맛의 향기를 지닌다

눈 맞으며 촉 틔우고 매서운 혹한 지나고서야

푸른 잎 바다를 이루는 튼실한 나무가 된다

견뎌야 얻어지는 저 무서운 하늘의 섭리

풍찬노숙의 대자연 앞에서 무릎을 꿇는다
—「파종」 전문

위 시는 인고의 세월을 거쳐야만 좋은 결실을 맺을 수 있음을 보여주는 작품이다. 따뜻한 봄, 여름에 파종하는 대상과는 달리 늦가을에 파종하는 것은 혹독한 추위를 견뎌야 한다. 그 대상은 "겨울 흙 살 속에서 봄을 향한 그리움"이 있어야 "쓴맛의 향기를 지"니고, "매서운 혹한"이 지나야 "튼실한 나무가" 될 수 있을 것이다. "견뎌야 얻어지는" 하늘의 섭리를 깨달을 수 있는 시이다.

동해 바다 아침 일출이 붉고
남해 통영 사량도 동백이 붉다
황매산 저녁노을이 타는 듯
겨울 바닷바람 앞에 선 여인의 입술이

종종걸음으로 학교 앞 건널목 건너는
여고생들 종아리가 붉다

어시장 좌판 위에 누운 생선 아가미가
추위 녹이는 새벽 시장 사람들 손이
빙판에 넘어져 우는 아이 두 볼이 붉다
벼랑에 선 정취암의 저녁 예불 소리
촛불에 비친 문살의 연화문 창호지가
수능 기도 올리는 어머니 무릎이 붉다

하루 일 마치고 쏟아져 나온 퇴근길
사람들 붐비는 사거리 조명등이 붉고
어지럽게 돌아가는 네온사인 불빛이
안주로 올라온 숯불에 익는 붉은 살,
늦은 밤 거나하게 취해 귀가하는 사람들
신호등 기다리는 사람들 얼굴이 붉다

하얀 겨울 우리가 걸어온 길 걸어가는 길
살아온 날이 붉고 살아갈 날이 붉다
—「우리가 걸어가는 길」 전문

위 시는 우리가 걸어온 길, 걸어가는 길이 붉다는 것을 보여주고 있는 작품이다. 일출과 동백, 여인의 입술과 여고생들 종아리가 붉고, 새벽 시장 사람들의 손과 빙판에 넘어져 우는 아이의 볼이 붉다고 노래하고 있다. 수능 기도 올리는 어머니의 무릎이 붉고 사람들 붐비는 사거리 조명등이 붉고 숯불에 익은 붉은 살과 신호등 기다리는 사람들의 얼굴이 붉은 것으로 묘사하고 있다. 시인은 붉은 것에 초점을 맞춘다. 정열적이고 역동적인 의미를 상징하는 붉은색에 시인이 초점을 맞춘 것은 나 자신을 성찰하고, 다른 사람들과 함께 걸어가겠다는 의지의 반영이라 할 수 있다. 붉은색을 의미하는 한자 '적(赤)'은 붉은색을 띤 갓난아기를 상징하듯 아무것도 가지지 않은 상태를 뜻하기도 한다. 시인은 초심으로 돌아가 우리가 걸어온 길을 살피고, 걸어가는 길을 모색하고자 하는 것이리라.

가을 내내 달항아리처럼 호젓한 마음으로
허허로운 길을 걷는 여유로움 있길 바랍니다

가을 내내 아랫목에서 홑이불 뒤집어쓰고
편지를 쓰는 애틋한 시간 오리라 믿습니다

가을 내내 황홀한 그리움, 아편처럼 기별이 와

몸살 같은 꽃, 피우는 날도 있기를 바랍니다

가을 내내 울긋불긋 단풍 물드는 일처럼
시를 짓는 그런 밤도 있었으면 좋겠습니다

낙엽 지고 하얀 눈 내리는 아득한 겨울이 와도
나란히 걷던 길, 그 마음 변치 않길 바랍니다
—「당부」전문

  가을에 당부하는 시이다. '호젓한 마음'으로 "허허로운 길을 걷는 여유"가 있고, "황홀한 그리움"으로 '몸살 같은 꽃'을 피우는 날도 오길 기대하고 있다. "울긋불긋 단풍 물드는 일처럼/시를 짓는" 밤도 오고, 하얀 눈 내리는 겨울에 "나란히 걷던" 그 마음이 변치 않길 기원하고 있다. 누구를 특정하지 않고 모두에게 당부하는 형식을 지닌다. 이 시의 핵심어인 '여유'와 '그리움', '시', '동행' 등은 '가난한 아름다움'을 지닌 공동체적인 삶의 중요한 요소들이다. 이러한 것들이 어우러진 아름다운 공동체적인 삶이 실현되길 갈망하는 시라 할 수 있다.

  양선규 시인의 시에는 다양한 철학이 담겨 있다. '색즉시공 공즉시색'의 불교적 상상력과 사군자의 그림에서 엿볼 수 있는 선비 정신, 다양한 해석의 길을 마련한 비구상화적 상상력과 있는 그대로를 추구하는 무위자연의 철학 등이 그것이다. 이러한 철학이 배태된 그의 시는 온기가 있고, 담백하고, 말갛다. 그의 시가 '천태산 은행나무'처럼 "슬플 때나 힘들 때 찾아오는 사람들에게/기댈 수 있는"(「하늘다람쥐와 별 품은 은행나무」), '가난한 아름다움'의 시가 되었으면 하는 바람이다.

시인의 말

   시집을 펴내는 것은 진한 물감 풀어 기운 조각보처럼 그리움에 희망을 덧대는 것이다. 또다시 걸어가야 할 길 바라보며, 두레박으로 차가운 물 길어, 정수리에 퍼붓는 것이다.

   깊어진다는 것은 무엇인가.

   어깨동무하며 걸어가는 시집의 문장들이 가을 햇살, 들꽃과 어울려 잘 놀았으면 좋겠다. 한 생애를 걷는 길이 '시'와 함께 울긋불긋 단풍처럼 곱게 물들었으면 좋겠다.

2025년 가을
양선규

고요는 힘이 세다

2025년 11월 7일 초판 1쇄 펴냄

지은이 _ 양선규
펴낸이 _ 양문규
펴낸곳 _ 詩와에세이

신고번호 _ 제2017-000025호
주　　소 _ (30021)세종특별자치시 조치원읍 충현로 159, 상가동 107-1호
대표전화 _ (044)863-7652
팩시밀리 _ 0505-116-7653
휴대전화 _ 010-5355-7565
전자우편 _ sie2005@naver.com
공 급 처 _ 한국출판협동조합
주문전화 _ (02)716-5616
팩시밀리 _ (031)944-8234~6

ⓒ양선규, 2025
ISBN 979-11-91914-95-5 (03810)

* 지은이와 협의하여 인지는 생략합니다.
* 이 책 내용의 전부 또는 일부를 재사용하려면 반드시 지은이와
  詩와에세이 양측의 동의를 받아야 합니다.
* 책값은 뒤표지에 표시되어 있습니다.
* 이 책은 충청북도, 충북문화재단의 후원을 받아 예술창작활동지원사업의
  일환으로 발간되었습니다.